coleção primeiros passos 246

Antonio José Gonçalves Jr.
Urélio Sant'Anna
Frederico R. S. B. Carstens
Rossano Lucio Fleith

O QUE É
URBANISMO

editora brasiliense

Copyright © by autores
Nenhuma parte desta publicação pode ser gravada,
armazenada em sistemas eletrônicos. fotocopiada,
reproduzida por meios mecânicos ou outros quaisquer
sem autorização prévia do editor.

Primeira edição, 1991
1ª reimpressão, 1991
3ª reimpressão, 2017

Diretoria Editorial: *Maria Teresa Lima*
Editor: *Max Welcman*
Produção editorial: *Heda Lopes*
Produção gráfica: *Laidi Alberti*
Preparação de originais: *Irati Antonio e Rosemary C. Machado*
Revisão: *Carmen T. S. Costa e Ana Maria Mendes Barbosa*
Capa: *Luciano Pessoa*
Diagramação: *Carlos Alexandre Miranda*

Dados Internacionais de Catalogação na Publicação (CIP) (Câmara Brasileira do Livro, SP, Brasil)

Autores
  O que é urbanismo / autores – São Paulo:
Brasiliense, 2012. - (Coleção Primeiros Passos; 246)

ISBN 978-85-11-01246-0

1. Urbanismo I. Sant'Anna. Aurélio. II. Carstens. Frederico R. S. B. III. Fleith Rossano Lucio IV Título

G635   CDD-711

Índices para catálogo sistemático:
1. Urbanismo 711

editora e livraria brasiliense
Rua Antônio de Barros, 1720 - Tatuapé
CEP 03401-001 – São Paulo – SP
www.editorabrasiliense.com.br

SUMÁRIO

I - Um turbilhão de complexidades 7
II - Cidade: Passado, presente a futuro 11
III - Urbanismo: Espaço a sociedade 19
IV - O urbanismo moderno e a civilização industrial 25
V - A crítica ao urbanismo moderno 45
VI - Indicações para leitura 63
VII - Sobre os autores 65

UM TURBILHÃO DE COMPLEXIDADES

Milhões de pessoas, em milhares de cidades, acordam diariamente a bordo de um gigantesco carrossel: filas, ônibus, semáforos, buzinas, engarrafamentos, pressa, relógio, trabalho, elevador, compra, vende, fome, almoço, sanduíche, jornal, conversa, cafezinho, olhares, cobiça, criança, escola, pára, anda, faróis, novela, família, contas, amor, sonhos; e no dia seguinte... tudo de novo.

Assim gira a cidade, num enorme turbilhão de complexidades. Em suas entranhas existe, subterrânea, uma outra cidade de tubos, cabos e túneis — os sistemas tecnológicos que a sustentam, que são as raízes da floresta de concreto.

Mas até onde vão seus limites? Limites que penetram *no* solo, disputam as fronteiras com os campos e cortam o céu com "espigões" que se perdem na bruma de fumaça que ela mesma gerou.

Quando pensamos na ideia de "cidade", várias imagens nos vêm à mente: a agitação e a correria dos grandes centros urbanos, uma rua supermovimentada onde se amontoam veículos em engarrafamentos, uma visão aérea com centenas de edifícios, a imagem de um parque industrial imerso num lago de fumaça, a lembrança de uma passeata de trabalhadores etc.

Dessas imagens podemos extrair a característica que, para a maioria das pessoas, associa-se imediatamente à "cidade", ou seja, a aglomeração de pessoas e construções num mesmo espaço. Aprofundando-nos um pouco mais, percebemos que essas imagens intuitivas revelam também outros aspectos, como comportamento cultural, formas de ocupação do espaço, sistemas de produção, conflitos sociais etc.

Verificamos que a cidade é muito mais que um simples conjunto de elementos visuais e palpáveis (pessoas, construções etc), mas também um complexo conjunto de relações que se estabelece entre esses elementos, compondo o carrossel de nosso cotidiano. Nessas relações se define a "vida na cidade": o sistema econômico-político, com seus mecanismos de troca e estrutura de poder; o comportamento sociocultural, na geração e preservação do conhecimento etc.

Mas como entender a cidade?

Por que ela existe?

Como se organiza?

Como administrá-la?

E como ela surgiu?

Quando refletimos sobre essas questões, levantamos a problemática da cidade e nos vemos diante de um campo do conhecimento humano muito complexo e controverso: o "urbanismo".

Normalmente, associa-se o urbanismo apenas às intervenções concretas no espaço das cidades, tais como a abertura de ruas, a construção de parques e praças, a organização do tráfego de veículos, o planejamento de um sistema de metrôs etc. No entanto, para toda intervenção concreta do urbanismo, uma ampla análise da cidade e das relações que nela se travam deve ser feita, envolvendo o conhecimento de todo o seu intrincado "funcionamento". Assim, cria-se o corpo teórico que subsidiará as formas de atuação no seu espaço. Isso é necessário para adaptar as intervenções à realidade e controlar os impactos que irão provocar.

Estudando a cidade, o urbanismo procura orientar as atividades e relações que nela se desenrolam, sejam as mais imediatas — a altura dos edifícios, as linhas de ônibus, a localização das escolas e hospitais ou os sistemas de água e esgoto —, sejam as mais complexas, como a solução mais adequada a determinada comunidade que tem peculiaridades culturais e sociais, ou o questionamento da cidade como forma de organização da sociedade.

Tal como um *iceberg*, que na superfície revela apenas uma fração de sua verdadeira dimensão, o urbanismo revela, através de suas intervenções, apenas alguns de seus aspectos. Em sua dimensão desconhecida e inexplorada, delineia-se uma das ciências mais fascinantes e instigantes de nosso século, que penetra tanto no íntimo de cada indivíduo como no âmago da estrutura da cidade e da civilização.

CIDADE: PASSADO, PRESENTE E FUTURO

O termo "urbanismo", segundo o estudioso Gaston Bardet, parece ter surgido em 1910 no *Bulletin de Ia Societé Geographique de Neuf-chatel*. Deriva-se do latim — *urbe* = cidade e, etimologicamente falando, é o estudo ou compreensão da cidade.

Cidade e *urbe* não foram sinônimas no mundo antigo: cidade era a aglomeração das famílias e tribos; a *urbe* era o local sagrado e de reunião, o santuário destes povos. Roma exemplifica uma *urbe* totalmente "planejada".

0 250 500 1000   2500m

SISTEMA VIÁRIO PRINCIPAL
AQUEDUTOS
MUROS
RIO
PRINCIPAIS EDIFÍCIOS

Desde o surgimento das primeiras comunidades humanas, havia indícios de algum tipo de organização, para proteção ou estabelecimento da hierarquia de poder: um urbanismo rudimentar.

A definição clássica

A definição inicial da palavra urbanismo está diretamente ligada ao contexto social e histórico da época em que foi criada (fins do século XIX e início do século XX), quando as atenções se voltavam para o fenômeno das grandes transformações das cidades européias.

Enormes contingentes populacionais rurais dirigiam-se atônitos rumo às chaminés que brotavam nas velhas cidades, durante os séculos XVIII e XIX. Ao longo de décadas, as pessoas disputavam cada metro quadrado da cidade, convivendo com as mais trágicas condições de vida. Como num formigueiro, aglomeravam-se ao redor das fábricas, ao longo de ruas imundas, nas quais o esgoto, que corria a céu aberto, e montanhas de lixo dominavam a paisagem. Epidemias proliferavam sem controle, e as condições desumanas de trabalho nas fábricas não mediam horas nem respeitavam idade.

O tráfego de Londres, gravura de Gustave Doré (1872).

As cidades com seus hábitos e características seculares viam-se entregues à mais completa desorganização física e social. Naquele momento, ficou claro que uma avassaladora transformação havia se processado na civilização, e as cidades do início do século provas irrefutáveis de uma nova realidade clamavam por medidas que as salvassem do caos.

Diante da necessidade de se intervir no caos em que se havia transformado a vida urbana, surgiu uma nova ciência, que de início se limitou a fazer intervenções isoladas. O urbanismo, nos seus primórdios, cuidou de dar soluções aos problemas originários dos fluxos migratórios (campo-cidadè) e da aglomeração nos grandes centros.

A visão clássica do que seja o urbanismo reflete-se na definição adotada por alguns autores para os termos urbanização, urbanismo e urbanificação.

Para eles, o urbanismo é uma técnica de planejamento urbano que visa disciplinar o crescimento oriundo das migrações (urbanização), atender a crescente demanda por infra-estrutura, serviços e abastecimento e melhorar a qualidade de vida.

Já a urbanificação consistiria na concretização das medidas apontadas pelo urbanismo.

Atualmente, com o desenvolvimento do urbanismo e a amplitude de suas áreas de atuação, existe uma infinidade de conceitos e interpretações, que ora se completam ora se contradizem, gerando polêmica em torno desse assunto complexo.

No entanto, apesar das diferenças, todos têm algo em comum: são derivações herdeiras dos primeiros conceitos do urbanismo. Por isso, ainda concentram seus esforços nos problemas surgidos no início deste século (migrações, aglomerações, problemas sanitários etc).

É claro que estes problemas existem em vários pontos do mundo, e o urbanismo não pode ignorá-los. Porém, se analisarmos a realidade atual, constataremos vários indícios mostrando a formação de um novo conjunto de questões que os urbanistas do início do século sequer sonhavam pudesse vir a se apresentar: a informatização da sociedade, as taxas de crescimento negativas, cidades com diminuição de população nos países do primeiro mundo etc.

Um novo conceito

Em busca de uma conceituação realmente abrangente, válida para o passado remoto e para o futuro, devemos esquecer as peculiaridades de cada período histórico e nos encontrar no que é definitivamente a essência do urbanismo: as relações entre o *espaço* da cidade e a *sociedade* que nela vive.

Sob esse enfoque, o urbanismo é o estudo das relações entre determinada sociedade (cultura, tradição, poder, história, ...) e o espaço que a abriga (ruas, construções, limitações geográficas, ...), bem como das formas de sua organização e intervenção sobre elas com determinado objetivo.

Esta visão destaca-se por seu dinamismo, adaptando-se à realidade ao longo do tempo, sem ser atropelada pela história.

Logo, numa cidade sem crescimento populacional, sem grandes fluxos migratórios, sem industrialização em larga escala — ou seja, sem as características que tornaram o urbanismo uma ciência —, ainda assim o urbanismo deve estar presente, pois na conceituação clássica essas características são apenas aspectos de determinada e peculiar relação entre espaço e sociedade.

É fundamental, portanto, firmar a ideia de que o urbanismo "como ação" sempre existiu (mesmo antes do surgimento da palavra urbanismo).

As definições clássicas, formuladas no início do século XX, ainda hoje norteiam muitos profissionais do urbanismo, quando nem o espaço nem a sociedade são mais os mesmos.

URBANISMO: ESPAÇO E SOCIEDADE

Em qualquer questão do urbanismo, da abertura de uma rua ao plano diretor de uma cidade, estão sempre presentes dois elemento distintos: espaço e sociedade. Para entende urbanismo é importante, pois, conhecê-los as relações que entre eles se estabelecem da mais variadas formas e graus, criando inúmeras situações urbanas em todo o planeta.

É um erro pensar que a cidade é um reflexo da sociedade que a construiu, ou vice-versa. Em toda relação causa-efeito, pressupõe se a existência distinta de um elemento origem (causa) e de um elemento resultante (efeito).

Ora, na realidade, diversos aspectos do espaço e da sociedade contribuem simultaneamente, numa "rede" de influências, para o resultado final.

Economia, política, tecnologia, cultura, geografia e clima são alguns dos aspectos cujo grau de influência deve ser avaliado *na* relação entre espaço e sociedade.

Atribuir o comportamento de determinado grupo somente ao espaço em que vive, e acreditar que em espaço diferente seu comportamento teria sido outro, seria tão ingênuo quanto imaginar, ao contrário, que o espaço em nada influencia. Nesse caso, cumpre saber até que ponto fatores como formação familiar, violência na televisão, deterioração do espaço ou falta de áreas verdes, dentre outros, têm maior ou menor peso no desenvolvimento urbano. Essa identificação é fundamental para entendê-lo e organizá-lo.

Espaços e sociedades: formas de relação

Uma mesma sociedade pode estar em relação com diversos espaços e a recíproca também é verdadeira. Um exemplo da permanência do espaço, apesar de profunda alteração social, ocorreu em diversas cidades da Europa, como em Roma, onde a "mesma" estrutura física que abrigou um dia os césares, hoje acolhe uma sociedade completamente diferente. O que mudou então não foi o espaço, mas a sua relação com a nova sociedade. Neste caso, o *significado* original do espaço alterou-se profundamente.

O povo judeu é exemplo de uma sociedade que permaneceu inalterada apesar das mudanças de seu espaço, quando de sua dispersão pelo mundo.

Pode-se ainda observar grupos sociais que, não se acomodando a um novo espaço na sua forma natural, simulam a condição do espaço natal. São exemplos os chineses e japoneses, com seus bairros típicos espalhados pelo mundo.

Espaços que se alteram e sociedades que se mantêm imutáveis, espaços semelhantes e sociedades completamente diferentes e infinitas outras combinações conduzem à conclusão de que não existe uma situação estabelecida, com um único e definido espaço urbano para uma única e definida sociedade que o ocupa ou ocupará.

O urbanismo como instrumento imprescindível de análise e, principalmente, de atuação nas cidades só se desenvolve por meio das "formas" como se estabelecem as relações. Estas podem ser classificadas em: funcionais, sensitivas e imaginativas, que nunca ocorrem isoladamente, mas sempre em combinação.

Tome-se como exemplo a Avenida Paulista, em São Paulo. Nela se identificam os três tipos de relações. As funcionais se manifestam pelos usos que predominam no espaço: escritórios de grandes empresas, bancos e intensa circulação de pedestres e automóveis. As relações sensitivas atingem a percepção sensorial imediata: aromas, cores e reflexos, texturas, sons, ruídos, frio e calor. E as imaginativas — consciente ou inconscientemente associadas ao repertório ideológico-cultural — adquirem, neste exemplo, significados como progresso, riqueza, poder, opressão etc.

A classificação, aparentemente simples, é uma forma de entender a relação entre espaço e sociedade, como primeiro passo para o entendimento dos fatores formadores da cidade.

Dessa forma, pode-se avaliar a impressão final de um passeio pela Avenida Paulista como o somatório do funcional, do sensitivo e do imaginativo, que é a própria relação entre espaço e sociedade.

Por que as cidades são parecidas?

As sociedades têm estruturas diferentes e usam seus espaços de acordo com suas necessidades, em relações funcionais muito peculiares. Para os significados de cada espaço há um leque muito amplo de interpretações, de sociedade para sociedade, determinando relações imaginativas nem sempre muito claras, o mesmo ocorrendo com as relações sensitivas.

Considerando as particularidades das relações entre espaço e sociedade de várias regiões do planeta, haveria no mundo poucas cidades parecidas. Cidades como Nova York, Tóquio, Sidnei, entre outras, no entanto, com exceção do idioma ou dos modelos dos automóveis, são cidades muito parecidas. Como explicar tal semelhança física entre sociedades geograficamente tão distantes e de costumes e tradições tão singulares? A impressão que se tem é de que, por trás dessas diferenças, uma "ordem" determina as relações funcionais, sensitivas e imaginativas, similar nas mais diferentes regiões do planeta.

Essa "ordem", ou esse "código", existe e determina silenciosamente os princípios essenciais que regem o comportamento da civilização. Decifrando o código, as cidades atuais, bem como o urbanismo, serão mais fáceis de compreender. Para tanto, tem-se que remontar o cenário histórico dos últimos três séculos. Neles o mundo sofreu as mais profundas alterações de todos os tempos, dando origem à civilização que espalhou cidades por todo o planeta: a civilização industrial.

O URBANISMO MODERNO E A CIVILIZAÇÃO INDUSTRIAL

O urbanismo adquire, ao longo da história, as mais diversas conotações, e sua evolução como ciência está intimamente ligada aos processos de transformação das civilizações.

Historicamente o comportamento da sociedade se desenvolve segundo certos princípios "naturais", como se cada indivíduo estivesse "programado" em uníssono com o rumo da sociedade. Com base nesses princípios de similaridade, e dependendo do nível de análise pode-se classificar a história em períodos: clássico, medieval, renascentista, moderno etc.

Para compreender o urbanismo, deve-se analisar e comparar os períodos históricos de forma muito abrangente, para que despontem as diferenças essenciais entre cada época ou civilização. Numa visão mais geral, sobressaem três grandes períodos com características determinantes da sociedade: a civilização agrícola, a civilização industrial e a civilização da informação.

Três civilizações

A civilização agrícola começa com a descoberta da agricultura, cerca de 10 mil anos. Caracteriza-se pela ligação direta do homem com a natureza e atividades predominantemente agrárias. A pequena demanda de energia é suprida por fontes renováveis: lenha, carvão vegetal, roda d'água. Apesar da concentração demográfica em algumas cidades, a maior parte da população vive dispersa pelas terras que cultiva e supre sua subsistência com a própria produção. O poder está na razão direta da posse de terras.

A civilização industrial, também conhecida como civilização moderna, surge em meados do século XVIII. Caracteriza-se pelo domínio da natureza pelo homem, que a transforma em seu benefício. Para isso, toda sociedade funciona como a linha de montagem de uma grande fábrica: as pessoas executam atividades especializadas e repetitivas; surge uma barreira definitiva entre o produtor e o consumidor; há uma população que fornece a mão-de-obra e que demanda energia (não mais renovável) e bens, movimentando as fábricas, numa sociedade onde o poder está associado ao controle dos mecanismos de produção.

Em meados da década de 50, desponta uma nova era, que modifica a estrutura industrial: a civilização informacional. Vive-se hoje a transição entre a civilização industrial e a informacional. A isto se deve o aspecto caótico do mundo atual.

A civilização informacional ainda não está totalmente estabelecida, mas há indícios de que poderá vir a ser uma sociedade desmassificada, procurando e utilizando suas diferenças, reaproximando produtor e consumidor, tendendo à desconcentração, descentralização e convívio harmonioso com a natureza. A informação adquire

Vista de Constantinopla (1943). Ilustração de Schedel

papel fundamental e será o instrumento de poder da nova civilização.

A cidade através dos tempos

Na civilização agrícola, a cidade abriga pequena parcela da população, cuja maior parte vive no campo. Apesar disso, já desempenha papel importante como centro das relações de troca. As preocupações na sua conformação estão ligadas principalmente aos aspectos de defesa: proteção dos moradores, do fogo de uma tribo, do território e suas riquezas.

A cidade da civilização industrial abriga a maior parte da população e um grande número de novas atividades. A preocupação básica passa a ser, então, acomodar todo o contingente populacional, transportando trabalhadores e produtos para as fábricas, para os mercados e para as habitações.

Alterando os princípios básicos de uma sociedade predominantemente dependente da terra, a Revolução Industrial trouxe novas técnicas e fontes de energia, além de novos conceitos de produção e consumo, que geraram uma nova civilização, onde a forma de pensar do homem e sua visão do mundo se mostram radicalmente diferentes das do homem medieval.

Na emergente civilização informacional e mais precisamente no período de transição que atravessamos, as trocas físicas começam a ser paulatinamente substituídas por simples trocas de informação, o que determina o caráter de maior dispersão nas cidades; assim, as concentrações populacionais, de energia e de poder nas cidades não mais serão uma necessidade, e a preocupação básica recairá sobre a adaptação dos espaços para abrigar esta nova sociedade.

A transição agrícola-industrial

O período de transição que atravessamos exige nova postura ao pensar a cidade, com novo enfoque do problema urbano. O período de transformações da civilização agrícola para a civilização industrial (entre os séculos XVIII e XIX) também experimentou tal situação.

Na época, cidades milenares e de urbanismo incipiente, voltado ainda aos problemas inerentes à civilização agrícola, depararam-se perplexas diante de uma nova ordem que exigia espaços cada vez mais adequados à sua dinâmica — a civilização industrial.

A gigantesca transformação da cidade medieval em moderna deu-se poucas vezes de forma consciente e, na maioria dos casos, de forma dolorosa. Os dois modelos de civilização (agrícola e industrial) conviviam no mesmo espaço, gerando a ideia de verdadeiro caos.

As cidades medievais são sobrecarregadas muito acima dos seus limites com a implantação das indústrias: suas ruas estreitas e sinuosas não mais suportam o tráfego intenso de multidões e veículos; novos e conflitantes espaços são inseridos na já confusa situação urbana de então: grandes conjuntos habitacionais, espaços destinados às indústrias e novas instituições como hospitais, escolas, presídios, asilos, creches etc.

As mudanças exigidas pela Revolução Industrial sufocam as cidades medievais, criando situações urbanas insuportáveis. A precariedade nos aspectos sanitários, a promiscuidade e a superpopulação causam pestes e epidemias, que fogem a qualquer tipo de controle. As indústrias instalam-se aleatoriamente, com altíssimos níveis de poluição, degradando a natureza e explorando desumanamente o trabalho das pessoas.

A vitória do mundo industrial

Dois grupos são claramente identificáveis: os conservadores, que vêem na indústria o grande mal da época e almejam um retorno aos bucólicos tempos da civilização agrícola; e os progressistas, que vêem na indústria a possibilidade de concretização da libertação do homem pelo domínio da natureza. Para eles, a cidade deve ser reformulada tanto quanto seja necessário para adaptar-se ao novíssimo ritmo das fábricas. Esse conflito ideológico é claramente representado pelo norte industrial e o sul agrícola na guerra civil americana.

Os conservadores são atropelados pela história, pois se opõem a uma força imensamente maior do que podem imaginar: o processo industrial já em curso.

Na época da formulação das grandes ciências, onde tudo deveria ser quantificado e submetido ao método científico, os progressistas sistematizam suas idéias, dando origem aos princípios do moderno urbanismo, que aponta possíveis caminhos para a cidade industrial.

Disciplinando o saber e a sociedade

Um dos grandes "trunfos da civilização industrial, o método científico, é largamente utilizado tanto para legitimar quanto para estimular o desenvolvimento do conhecimento humano.

A partir de então, tudo deverá ser provado rigorosamente, quantificado, sistematizado, classificado, enfim, organizado dentro de uma ou mais áreas do saber. A mecânica clássica, o relativismo, a biologia, a química são objetos de intensa "industrialização, da qual nem as coisas não quantificáveis escapam, pois também surgem as ciências humanas — psicologia, sociologia, antropologia.

A cidade vista pelo prisma científico-industrial necessita de ajustes para funcionar a todo vapor São criadas instituições para ordenar o comportamento social.

A eficiência da máquina e da fábrica tornam-se (inconscientemente na maioria dos casos) o modelo para toda a sociedade.

Peças com algum problema têm de ser recuperadas rapidamente para voltar ao sistema — os grandes hospitais são criados para recolocar os trabalhadores em condição de produzir; componentes ainda saudáveis não funcionam adequadamente ou atrapalham a produção —, as penitenciárias surgem para punir quem transgride as regras do sistema, assim como as escolas treinam os futuros trabalhadores para ingressar na produção.

O controle social não é feito apenas pela polícia, mas por várias instituições que buscam disciplinar a sociedade. Com isso consegue destilar da "família tradicional" (pai, mãe, filhos, avós, primos, parentes, amigos etc), a "família nuclear" que, com uma estrutura básica (pai, mãe, filhos), compõe-se de elementos realmente produtivos, afastados daqueles que podem afetar sua produtividade (parentes doentes, inválidos, velhos etc).

Disciplinando o espaço

Inicia-se também um verdadeiro policiamento sanitário, que impõe à cidade regras para sanear os problemas oriundos das recentes aglomerações. Esse sanitarismo procura dotar a cidade de infra-estrutura adequada, desde a organização espacial, transformando cortiços em locais habitáveis, até a preocupação com a coleta e destino de esgotos.

Com a preocupação de higienizar, Haussmann corta a velha Paris com largas avenidas, abrindo alas para o fluxo do progresso, deixando a cidade respirar os ares dos novos tempos.

Alguns anos depois, Pereira Passos, no Rio de Janeiro, também abre largas avenidas para desafogar o já movimentado centro da então capital da República. É o "bota abaixo" que promove a demolição de mais de 600 prédios.

O aperfeiçoamento e integração de todos esses processos de controle conduzirão mais tarde (na virada do século XIX/XX) ao surgimento da "polícia do espaço": o plano urbanístico.

O plano urbanístico é o conjunto das medidas integradas para resolver os problemas das cidades, englobando o traçado das ruas, os sistemas de água e esgoto, as áreas verdes e a localização das instituições (fábricas, hospitais, serviços etc.), entre outros aspectos.

O novo campo de atuação é batizado, em 1910, com o nome de urbanismo. A partir de então, multiplicam-se as tentativas de sua teorização e aplicação.

Disciplinando a sociedade, o saber e finalmente o espaço, a sociedade industrial, a partir do início deste século, não encontra mais fronteiras e espalha-se por todo o planeta, independentemente de diferenças políticas (capitalismo, socialismo), geográficas ou culturais.

A síntese modernista

Assim como várias vezes na história do conhecimento, conjuntos de idéias e informações são magicamente sintetizados por grandes pensadores, também o urbanismo no início do século aguarda seu organizador, capaz de sistematizar a colcha de retalhos em que se transformara o problema da cidade.

Vários estudiosos lançam-se à questão e, a partir do início do século, as idéias sobre urbanismo se desenvolvem enormemente, culminando com encontros mundiais de urbanismo.

A figura predominante nesses encontros, e que certamente mais influencia as discussões sobre o urbanismo nesse período, é Le Corbusier. Sintetizando o espírito da nova civilização, transforma-o em um conjunto de idéias que apontava soluções para o caos oriundo do desenvolvimento desordenado da era da máquina.

A cidade-máquina

Enquanto os primeiros urbanistas atacam os problemas urbanos isoladamente (sanitarismo, tráfego, segurança etc), Le Corbusier estabelece uma visão geral do problema "cidade". A cidade deve funcionar com a lógica da máquina: eficiência, racionalidade, precisão, sincronismo. Essa ideia também aparece nas orientações da "Carta de Atenas", que apresenta a cidade dividida em quatro funções básicas: trabalhar, recrear, habitar e circular.

Todo o planeta, da Rússia ao Japão, da França à Alemanha, dos EUA ao Brasil, da China à Austrália, já pulsa no ritmo industrial, e a sociedade funciona de modo similar. Os urbanistas da "Carta de Atenas" acreditam ter descoberto uma "fórmula que comandaria um conjunto de leis simples e precisas para o planejamento das cidades". Dada uma determinada população, bastaria, em primeiro lugar, estimar o tamanho ideal dos setores "trabalho" (indústrias, comércio, serviços), "habitação" (número e tipo de unidades-moradia) e "recreação" (praças, parques etc), bem como dimensionar o sistema de "circulação" entre as várias atividades (veículos, ônibus, metrô); em segundo lugar, localizar adequadamente as atividades, sem misturá-las, em "zonas funcionais" — o zoneamento — com zonas residencial e industrial e centros de lazer; em terceiro lugar, projetar as construções de cada "zona funcional" de forma a permitir adequadas ventilação e exposição ao sol, resultando em grandes espaços entre os edifícios.

Essa cidade poderia, independente de diferenças culturais ou políticas, ser implantada em qualquer ponto do planeta — e realmente o foi.

O homem industrial

No pensamento do urbanismo moderno estava em formação um "novo homem", totalmente adaptado à realidade industrial e que poderia ser encontrado em qualquer parte do mundo, formando famílias nucleares. Para este "homem-tipo" foi concebida a "nova cidade", a "cidade moderna".

Nela predominariam a velocidade, a novidade, a mudança, o movimento, num ritmo tão fantástico que cada geração teria de construir sua própria cidade.

Nesse cenário, os primeiros urbanistas acreditavam ter um papel imprescindível; a cidade, o palco do desenrolar da civilização da industria, poderia ser a catalisadora de todas as transformações em proceáso. Aeles caberia a enorme responsabilidade de projetar as novas cidades com esse fim. Uma responsabilidade tão grande, que se consideravam os salvadores do mundo. Afinal, com suas idéias, materializariam as verdades da nova civilização.

O urbanismo multidisciplinar

Não era essa a visão do escocês Patrick Guedes, precursor do urbanismo multidisciplinar, por volta da década de 20. Para ele, a cidade não se resumia somente a questões técnicas: avaliar o impacto da desorganização social, calcular os custos das intervenções a curto, médio e longo prazos, gerenciar o conjunto de complexas atividades de um plano diretor, por exemplo. O arquiteto precisava da ajuda de outros profissionais para compreender a cidade e nela intervir. Deveria fazer parte de uma equipe de sociólogos, geógrafos, economistas, antropólogos, sanitaristas, administradores etc. A cidade deveria ser analisada também segundo essas áreas.

O urbanismo científico

Ambas as visões ("Carta de Atenas" e Guedes) pretendem o desenvolvimento de um urbanismo científico, tendo como princípio básico a redução do problema a suas partes constituintes, ou seja, uma compartimentalização: no primeiro caso, divide-se a cidade pelas suas atividades funcionais; no segundo, o urbanismo se orienta através de especialidades do conhecimento humano.

Como se pode notar, não são visões contraditórias, mas complementares. O aspecto funcional "trabalhar" da "Carta de Atenas" pode muito bem ser pensado segundo suas variantes sociais, econômicas, geográficas ou administrativas.

Várias outras teorias e idéias surgiram, apontando novas soluções urbanas, mas em síntese fazem parte do mesmo urbanismo científico, partindo ou das idéias de Patrick Guedes ou da "Carta de Atenas", com pequenas modificações ou sofisticações.'

Portanto, apesar de diferentes métodos de análise e intervenção, os urbanistas concordavam, em sua maioria, que a cidade do futuro era a cidade industrial (não

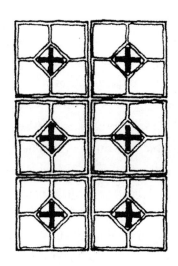

A cidade da "Carta de Atenas", segundo Le Corbusier.

confundir industrial com a indústria em si — o termo refere-se à cidade que funciona como indústria).

E assim, essas fórmulas e modelos urbanos foram implantados em todo o mundo, num curto espaço de tempo, tornando cidades outrora tão diferentes (como Hong Kong e Nova York) muito semelhantes.

A sociedade industrial, incapaz de se adaptar e funcionar em ambientes muito diferenciados, tinha, já na primeira metade do século XX, padronizado mercados, produtos, trabalhadores, conhecimento e finalmente seu espaço. À relação espaço x sociedade industrial parecia estar atingindo seu equilíbrio ideal.

O Brasil seria o cenário para uma das maiores intervenções do urbanismo moderno — a construção de Brasília. Nunca, até então, essas idéias tinham sido aplicadas de forma tão completa, criando uma cidadeinteira do nada: concretizava-se no cerrado a vitória do urbanismo moderno. Lúcio Costa, amigo de Le Corbusier, foi o maestro desta sinfonia urbanística que tinha como partitura a "Carta de Atenas".

A partir de Brasília, passa a existir um vasto material para a avaliação das propostas modernas. Contrariando expectativas, verifica-se a ineficiência do modelo urbanístico. O processo de decadência está instaurado. Teorias contrárias buscam novos caminhos e geram pesadas críticas ao já ultrapassado modernismo.

Enquanto Brasília se erguia audaciosamente no interior de Goiás, porém, muitos urbanistas, principalmente estrangeiros, profetizavam que ela seria "a mais bela ruína do século". Esta crítica, aparentemente estranha, não era injustificada. Algo de errado estava acontecendo em sítios projetados segundo os rígidos padrões do urbanismo moderno: abandono de conjuntos pela população, destruição de áreas urbanas, aumento de criminalidade e outros sinais de crescente descontentamento com as soluções urbanísticas. Logo, muitos estudiosos criticavam ferozmente o urbanismo moderno revelando que, de fato, muita coisa tinha de ser repensada. Mas o que teria acontecido? O urbanismo moderno teria errado?

A CRÍTICA AO URBANISMO MODERNO

Muitos urbanistas acreditavam e acreditam que o urbanismo moderno errou durante todos esses anos, cometendo aí um erro muito maior pode-se afirmar com certeza que o urbanismo moderno respondeu perfeitamente às cidades da sociedade industrial. O que poucos perceberam é que começavam a desaparecer os princípios que sustentavam a era da indústria e, consequentemente, o urbanismo moderno.

A partir dos anos 50 instala-se um caos aparente, onde confusas manifestações culturais tomam como referência os restos do industrialismo. Esse caos, no entanto, não anuncia o fim do mundo, mas o despertar de uma nova civilização, caracterizando um período de transição, onde são reavaliadas desde as idéias urbanísticas, até o modo de vestir, o sexo, a família, tudo, enfim, que estava estabelecido pelo código industrial.

Abrem-se inesperados horizontes, que oferecem inúmeros caminhos à exploração.

Apocalipse

Como todas as grandes transformações da história, nesta também é difícil identificar os motivos que a fizeram acontecer, ainda mais quando estamos em plena transição. Mas há bons motivos para acreditar que a civilização industrial está desaparecendo porque já cumpriu seu papel. Isso não significa que havia um plano onde papéis estivessem preestabelecidos, mas simplesmente que seus mecanismos, eficientes durante os últimos duzentos anos, começam a se tornar ineficazes e até desnecessários. A homogeneidade e a padronização, indispensáveis para o funcionamento do mundo industrial, chegam ao fim.

Poderíamos ser diferentes.

O homem-tipo dá lugar ao indivíduo, que busca a diferenciação e a personalização em vez da massificação; o sincronismo do cotidiano cede à multiplicidade de opções de uso do tempo; o transporte físico começa a ser sobrepujado pelo transporte de informações; a energia concentrada e em grande quantidade é substituída gradativamente por fontes renováveis, dispersas e em sintonia com a ecologia.

Outras transformações completam esse panorama de transição, onde ainda convivem resquícios modernos com indícios inconscientes de uma nova era.

O urbanismo está diante do maior desafio desde sua implantação. No início do século pelo menos sabia-se que o futuro era o mundo industrial; depois disso o urbanismo se vê sem direção.

E agora?

O que vimos nas duas últimas décadas foram apenas abordagens que diversificavam as discussões, criticando ou complementando o urbanismo moderno.

A semiótica propõe como foco central do urbanismo os significados dos espaços urbanos, ou seja, a complexa rede de signos que forma a imagem da cidade na mente das pessoas. Para ela, mais importante que a cidade "funcionai", era a cidade "informação"; já a corrente proximista, como o próprio nome sugere, estuda a relação entre distâncias pessoais (pessoas, pessoas e coisas) nas várias sociedades e sua extrapolação ao urbanismo aplicado.

Resgatando alguns aspectos do urbanismo medieval, Jane Jacobs transporta do passado as ruas enquanto espaço de convívio, contrariando a visão funcionalísta, em que a rua é apenas canal de circulação, sem vida em si mesma.

Derivada dos mais avançados conceitos matemáticos, a análise sintática surge como ferramenta para a análise sistematizada do uso social dos espaços urbanos, possibilitando definir espaços apropriados ou não à vida da cidade.

São aplicados em Houston, Texas, conceitos do urbanismo liberal, que deixa os espaços se autodefinirem, ajustando-se continuamente às leis do mercado, longe das intervenções dos urbanistas e seus planos.

O urbanismo guedesiano não é esquecido e tenta levar a um limite mínimo o intervalo entre a análise da realidade do objeto cidade e a intervenção prática, bem como a avaliação dos resultados desta intervenção. Acredita-se, desta forma, ser possível realizar o urbanismo vivo, um contínuo processo análise-intervenção onde as respostas aos problemas urbanos seriam quase imediatas. Como vemos, podem-se enquadrar estas correntes dentro das formas de relações entre espaço e sociedade. A semiótica enfatiza a relação imaginativa; a proximista, a sensitiva; a análise sintática, a funcional, com pitadas da sensitiva. O urbanismo liberal deixa todas as relações acomodarem-se livremente num verdadeiro desurbanismo.

O impasse

Toda essa discussão faz parte de um corpo crítico que levou o urbanismo a um impasse. A incapacidade de compreender as rápidas transformações que se processavam, aliada á inadequação da teoria urbanística industrial levaram os urbanistas a repensarem completamente o que vinha sendo aplicado.

Projetos teóricos foram elaborados por vários arquitetos para mostrar que caminhos poderiam ser tomados. Todos, porém, em vez de apontar novos caminhos, imaginaram um futuro ainda mais industrial — a sociedade super-industrial, que, hoje sabemos, nunca vai existir, pelo menos não agora.

Doxiadis, urbanista grego, projetou a Ecumenópolis, uma cidade mundial, um único sistema urbano rodeando o planeta, habitado por 20 bilhões de habitantes.

Yona Friedman propõe em Paris uma cidade sobre a Paris existente. Uma malha reticular onde as habitações se encaixariam conforme a necessidade.

Na Inglaterra, o grupo Archigram propõe uma cidade onde os edifícios são compostos por cápsulas habitáveis, como as da nave Apoio.

Kiyonori Kikutake, no Japão, propõe uma cidade com espigões flutuantes sobre a baía de Tóquio.

As cidades não param

Apesar de esse impasse destruir as grandes certezas dos urbanistas modernos, novas e mais complexas questões no cotidiano das cidades exigiam, a todo instante, intervenções urbanísticas. O exemplo que realmente mais se destacou no cenário brasileiro foi o caso de Curitiba, que estourou nos anos 70 como uma das mais bem planejadas cidades do mundo.

Adotando simples e criativas soluções, e dando igual ênfase às relações sensitiva, funcional e imaginativa,

O que é urbanismo 51

Rua Da Flores em Curitiba

Curitiba, apesar de inserida num planejamento moderno, conseguiu quebrar a frieza funcional de outros planos, valorizando o aspecto individual e humanístico, A relação funcional foi principalmente trabalhada através da criação dos sistemas estruturais, verdadeiros tentáculos de extravasamento do crescimento da área central.

A relação imaginativa foi estimulada pelo tratamento visual supercontemporâneo aliado ao resgate de aspectos tradicionais, como o paranismo (corrente artística das décadas de 20 e de 30), implantados nas regiões de fluxo diário da maioria dos curitibanos.

A criação dos calçadões no antigo e congestionado centro da cidade gerou uma nova relação sensitiva mais humana e participativa.

Urbanismo amarrado

Inserido no impasse da transição, o profissional urbanista se sente desprovido das ferramentas necessárias para enfrentara nova dinâmica das cidades, como se entrasse numa prova de Fórmula Um, pilotando um calhambeque dos anos 30,

O urbanismo moderno criou, em sua fase de consolidação, um corpo metodológico e jurídico-legislativo que amarrou todo o sistema de planejamento aos antigos moldes industriais; com efeito, captação de recursos, definição de prioridades, gestão da infra-estrutura urbana, relações de propriedades, tudo faz parte de um corpo moroso e burocrático que enfatiza questões distantes das prioridades da cidade atual. O sistema se mostra tão burocratizado, que se perguntarmos a um urbanista de um órgão de planejamento "o que é urbanismo?", certamente sua resposta estará voltada a dados estatísticos, documentações e regras metodológicas consagradas, deixando de lado a questão principal — relação espaço x sociedade —, origem de toda problemática urbana.

Assim, nem todos, e até muito poucos, estão conscientes da grande transformação da nossa civilização.

Sofisticando o presente

Nas megametrópoles dos neomalthusianos, os arranha-céus têm vários quilômetros de altura, e cada centímetro quadrado é disputado por seus habitantes; nas cidades espacialóides vive-se como numa verdadeira cidade sintética, onde todos os avanços da tecnologia espacial são aplicados na forma dos edifícios; as cidades nômades que se movimentariam sobre gigantescas pernas telescópicas do grupo Archigram, ou a cúpula geodésica voadora de Buckminster Fuller; ou então a utopia tecno-ecológica do filme *Barbarella*.

Por mais bizarros que possam parecer, esses exemplos não passam de uma sofisticação do presente, ainda regulados em sua essência pelos velhos moldes industriais.

Não importa se a cidade flutua, se seus transportes são aéreos ou se suas paredes são metálicas ou de grama, quando ainda o espaço e a sociedade são os mesmos que hoje conhecemos. Mudam-se formas, introduz-se alta tecnologia, mas ainda existem indústrias, O trabalho nos escritórios, o transporte de massas, a família nuclear, padronização e homogeneização social e espacial.

Se realmente queremos vislumbrar o urbanismo do futuro, temos de voltar à nossa lição básica: que o urbanismo é a relação espaço x sociedade.

Só nos desprendendo dos princípios estabelecidos pelo código industrial e formulando hipóteses de novas relações espaço x sociedade, em consonância com a realidade futura, nos aproximaremos realmente do urbanismo do futuro.

Confrontados com as tendências lineares e extrapolativas citadas, indícios de mudanças sócio-espaciais mostram novos rumos não lineares (aqui o linear não é formal, mas uma linha de raciocínio).

A ruptura com o mundo industrial

Cremos num futuro próximo derivado da ruptura das realidades da sociedade Industrial, hoje num doloroso processo de transição, que nos conduzirá a uma nova civilização. Essa civilização terá um perfil definido por um novo código, onde predominarão a individualização, a dessincronização, a produção qualitativa, a dispersão física racional, a dispersão energética e a disseminação da informação e do poder.

Pequenos indícios, que dificilmente ocupam as manchetes dos jornais, sinalizam para a formação desse novo código. A mídia que antes atacava com "todos têm, só falta você", hoje só é aceita com "seja o único a ter". Os produtos personalizados, as publicações superespecializadas têm como alvo o homem-indivíduo da sociedade informacional e não o homem-padrão industrial; as atividades 24 horas (banco, supermercado, lojas de roupas) crescem, buscando ocupar o tempo mais livremente e criando novos hábitos; a informatização da sociedade cria uma tão complexa rede de comunicação, que já permite que alguns indivíduos trabalhem ou consumam simplesmente através de um terminal de computador; o grande desenvolvimento tecnológico também permite obter energia em quantidades viáveis de fontes renováveis como o sol, o mar, o vento ou o lixo em miniusinas individuais (uma para cada casa, por exemplo); e, finalmente, forma-se sob nossa indiferença o produto essencial da nova civilização — a informação.

Tudo na verdade é informação: o que vemos, ouvimos, lemos etc, e isso sempre existiu. No futuro, porém, a intensa troca de grandes quantidades de informações em curtíssimos espaços de tempo tornará essa incrível dança de impulsos eletromagnéticos o aspecto determinante da sociedade da informação.

E o que tudo isso tem a ver com o urbanismo? O urbanismo é a relação espaço x sociedade, logo...

Sinais do futuro

Outros fatos esparsos, despercebidos da grande maioria, na realidade poderão ser a base do "urbanismo do amanhã".

Todo o "modo de pensar industrial" se estruturou na crença da racionalidade das coisas, justificadas pela análise científica, essencialmente quantitativa — desta forma, a estatística subsidia todo o urbanismo moderno.

As teorias do caos e das catástrofes, recentes avanços da Matemática, têm os meios de, pela primeira vez, analisar o mundo qualitativamente: o comportamento da população dentro de uma cidade, a definição de fronteiras políticas e até as súbitas mudanças no rumo da sociedade. Será, quem sabe, um poderoso aliado do urbanismo do futuro, que lidará com uma sociedade muito dinâmica.

Contrariando a expectativa da automação supereletrônica, onde a cidade seria comandada por um grande computador, a infogenética (convergência da informática com a genética) nos permite vislumbrar o urbanismo biológico. Incorporando os avanços da genética, num futuro próximo, poderemos ter uma cidade totalmente integrada à natureza, funcionando como um organismo vivo. Numa cidade como esta, um urbanista, na definição atual, certamente não seria necessário.

A dispersão total é outro conceito que contraria frontalmente a visão pessimista da superconcentração das megametrópoles, e até mesmo o conceito de cidade na forma que hoje conhecemos, onde as construções e as pessoas estariam dispersas, pois os contatos físicos seriam substituídos pelos contatos informacionais. A cidade como entidade geográfica perderia o seu sentido. Comunidades informacionais já existem. Grandes empresas multinacionais e instituições internacionais, apesar de possuírem funcionários no mundo todo, funcionam como se todos estivessem fisicamente juntos.

O urbanismo liberal, fora de controle estatal, fluindo naturalmente em função das leis de mercado e da participação direta da população (a exemplo do que experimenta hoje a cidade de Houston, Texas), também é uma tendência a ser considerada.

O urbanismo do futuro estará, então, centrado na relação espaço x sociedade da informação.

A cidade informacional

Com o surgimento da cidade informacional, que não ocupará espaços físicos e sim uma rede de comunicação invisível, as pessoas ainda ocuparão um "lugar", e dessa forma determinarão algum tipo de relação espaço x sociedade. Mesmo que diversas redes de comunicação formem várias camadas de cidades informacionais, sempre haverá a dimensão física, uma cidade ou a organização espacial que vier a substituí-la.

Poderão ser pequenas aldeias auto-suficientes, com alta tecnologia, dispersas por todo o mundo; aí não haveria mais as megametrópoles; poderão, ao contrário, ser cidades atuais adaptadas a novos usos, assim como reciclamos palácios medievais em *shopping centers;* ou, ainda, poderão ser um misto de reciclagem com aldeias, como são algumas cidades com trechos históricos e modernos.

O destino em nossas mãos

Infinitas são as possibilidades de combinação de todas as tendências verificadas atualmente, pois está em gestação o futuro. Vale ressaltar que, longe de essas tendências serem, isoladamente, a provável realidade da sociedade no futuro, são, na verdade, os ingredientes que se combinarão em proporções e formas inesperadas, originando nova realidade talvez diferente até das próprias tendências que a originaram.

Combinando diariamente esses ingredientes (tecnologia, política, comportamento social etc), delinearemos o perfil do amanhã. A civilização que conhecemos (industrial) vive seus últimos momentos, e sua agonia se mistura com as primeiras manifestações da sociedade da informação. Cabe-nos distinguir do caos aparente as atitudes que nos conduzirão a esse destino histórico, as reais propostas urbanas para a cidade do futuro, ou seja, aquelas realmente descompromissadas com o saber moderno (industrial).

Mas será essa transformação uma realidade para o Brasil? Não seria a sociedade da informação um privilégio dos países do Primeiro Mundo? Esse futuro, por mais distante que pareça, está ao alcance também dos países do Terceiro Mundo.

As nações ditas subdesenvolvidas, ao contrário do que se pensa, estão aptas e mais próximas de concretizar a nova sociedade. Não precisamos e não devemos trilhar o mesmo caminho dos países desenvolvidos. Enquanto nações ricas estão atreladas à parafernália industrial, que hipoteca toda e qualquer tentativa de mudança, nós, que mal entramos nesse "jogo moderno", já temos acesso aos ingredientes do futuro. Podemos dar um "salto quântico": basta nossas decisões convergirem para o objetivo de alcançar o estado pós-industrial (informacional), sem passar por completo pelo doloroso estado industrial.

O urbanismo, desde o seu reconhecimento como ciência, ocupou-se em adaptar as cidades ao mundo industrial, planejando seu desenvolvimento e preparando-a para um futuro cada vez mais industrial, que não existiu.

Hoje, no limiar da era da informação, pensar em urbanismo é pensar em uma nova civilização.

INDICAÇÕES PARA LEITURA VI

BENÉVOLO, Leonardo. A *História da Cidade* São Paulo Perspectiva.

SANTOS, Jair Ferreira dos. O *Que É Pôs-Modemo,* São Paulo Brasilense (Primeiros Passos, 165).

TOFFLER, Alvim. A *Terceira Onda,* São Paulo, Record.

SOBRE OS AUTORES

Em 1985, ainda estudantes da UFPr, os quatro autores deste livro e mais um colega constituíram um grupo visando estimular o debate em torno dos cursos de arquitetura, que lhes pareciam envelhecidos e descolados da realidade. Iniciou-se assim uma colaboração estreita, da qual nasceram artigos e ensaios publicados em jornais e revistas especializadas. Hoje, embora os caminhos profissionais não sejam os mesmos, o trabalho coletivo se mantém, cimentado por uma visão comum da arquitetura e da função do arquiteto.

Aurélio combina o trabalho em seu escritório com a função de supervisor de planejamento do Instituto de Pesquisa e Planejamento Urbano de Curitiba. Frederico e Antônio são diretores da Realiza Arquitetura Ltda e assinam a coluna "Falando de Arquitetura" na revista Cotação da Construção e no Jornal da Indústria e Comércio, de Curitiba. Frederico é também diretor do Instituto dos Arquitetos do Brasil (IAB). Rossano tem escritório próprio, além de ser arquiteto da Winston Ramalho Arquitetura.